# PALSTAKIRJA

Teemu Paarlahti (toim.)

# PALSTAKIRJA

## Neljän polven istutuksia

Kirjoittajat: Pilvi Laurikka, Jouni Paarlahti,

Teemu Paarlahti, Yrjö Paarlahti, J.V. Teräs

Toimittanut: Teemu Paarlahti


ISBN 9789523301559

Kustantaja: Books on Demand GmbH. Helsinki, Suomi

Valmistaja: Books on Demand GmbH, Norderstedt, Saksa

*Omistettu Jouni Paarlahdelle*
*hänen täyttäessään 80 vuotta*

*TEEMU PAARLAHTI:*

Runoista meidät on tehty
rakastamaan toisiamme niin
ettei siitä puhuta
kuultavasti

pelkistetty
tämän verran
näkyviksi.

# MATKALAULUT

*TEEMU PAARLAHTI:*

Kuuntelen B.B. Kingiä.

Luen Jobin kirjaa.

Niin menee maaliskuun kahdeksas harmaana.

Aurinko ei kiusaa

on vain tämä

sataa melkein vettä -vitsaus

epämääräinen vuodenaika ahdistaa

Jumalan nimeämätön läheisyys.

*JOUNI PAARLAHTI:*

## EIRENE

Laaksosta
likaisten vesien ääreltä
minä kiipeän sinun luoksesi
Pyhä
Pyhä Eirene

Tuon sinulle
mustat käteni
mustat kasvoni
mustan tuskani
mustan vihani
mustan sieluni

Anna minulle valosi
anna valkeutesi
Pyhä
Pyhä Eirene
Sytytä sisälleni liekki

polta kateus

polta ahneus

polta siteeni kaikkeen pahaan

Pyhä

Pyhä Eirene

Anna sateen valua

tähän poltettuun maahan

jotta minä jälleen kasvaisin

punaisia kukkia ihmisille

taivaan valkeita sinulle

Pyhä

Pyhä Eirene.

*JOUNI PAARLAHTI:*

## 18.7.1993 MYTLINI ELI LEVSOS

Keulan halkaisema vesi,
tuhansien kuplien äiti!

Miksi kupla viekoittelee valon
muuttaa veden valkoiseksi?
Pitäisikö meidätkin halkaista
vai meidänkö haljeta,
jotta meidän kävisi samoin?

Mitähän Sapfo sanoisi?
Ehkä vain:
purjehditpa syviä tai
matalia vesiä
pirstot jotakin.
Ja aina jää jälkeesi vana,
suora tai kaareva.

Se sulkee hitaasti kuplat

syliinsä ja tyyntyy

liian pahan tai liian hyvän jälkeen.

Ja odottaa uutta myrskyä

tai uutta venettä.

## TASSULA

Pakene vuorille ja piiloudu,
sinä Zorbantytär, tumma!
Arki ajaa sinua takaa ja
pukee sinut harmaaseen, ellet pakene,
sinä Zorbantytär tumma!
Pujahda oliivien silkkisiimekseen
ja pue yllesi maanpunainen viitta.
Tänä iltana tanssimme vuorilla,
sinä Zorbantytär, tumma!

Pakene rannoille ja piiloudu
sinä Zorbantytär, tumma!
Kiedo kaulallesi meren pisaraiset helmet,
lanteillesi pilvien hopeiset varjot,
sinä Zorbantytär, tumma!

Pue yllesi illansininen viitta
ja vaahtojen valkoinen vyö.
Tänä iltana tanssimme rannoilla.
sinä Zorbantytär tumma!

Aamurusko silmäili hymyillen
rannalla nukkuvaa.

Maininki, huuhtele jäljet!
Vain salassa tanssia saa!

# JOUNI PAARLAHTI:

## MADEMOISELLE

Silmissäsi oli hivenen vihreää

jos muistan oikein

ja nilkkasi siro

tuoksu Chanelin

ja korko kevyt kuin Pariisin huhtikuu!

Niin muistelen vanhaa aikaa.

Kymmenen metriä maan alla

hän istui aivan takanani

Saint Denisin linjalla puoleltaöin.

Hänen hiuksensa kosketti hartiaani.

Siinäkö hän - pariisitar?

Niin luulin.

Hän lausui lapselleen sanan

sen murre ei ollut Pariisin jos oikein kuulin.

Madame, tulitko Afrikasta

laukuissasi leimat Marseillesta

juna Lyoniin ja Pariisiin.

18

Sait laihaa viihdettä metron soittajalta.
Sinun silmissäsi loistaa musta lämmin yö
eivät kovat valot yön Pariisin.

Kymmenen metriä maan alla
menit ohi mustin käsin vaalein kynsin
Stalingradin asemalla
lauloit mennessäsi ranskaa pehmeästi
sydämessä haalentuva muisto Karibian
mainingeista
Sinäkö pariisitar? En enää luullut.

Musta veri sykkii Champs-Elyseellä
huljuu vasten riemukaarta
valuu vieraan historian pyhäköissä
Seinen rantamilla
kasvot käännettyinä neonvaloauringoista
tai kohti
kun valo punaisissa lyhtyvöissä.

19

Kadut tuoksuvat asfaltille
ja pariisilaiselle aamusateelle.

Seisot Louvren käytävällä
kädessäsi pääsylippu Pariisiin
– niin minäkin.

Mitä teet minun kaupungissani?
Sinäkin.
Niin - minäkin.
Anteeksi - minä lähden huomenna
mutta he eivät.

Mademoiselle
– siksikö katselet niin hätääntynein silmin?

Mutta silmissäsi on hivenen vihreää
ja nilkkasi siro ja tuoksu Chanelin
ja korkosi kevyt kuin Pariisin huhtikuu!

*6.10.1984*

*TEEMU PAARLAHTI:*

Muistan ensimmäisen kerran

se oli *madame*

kun minua kutsuttiin sanalla

*monsieur*, kun yritin 17-vuotiaana

maksamatta Gare du Nordin käymälään Pariisissa

se kertoi jotakin vanhasta Euroopasta

mutta ei tehnyt hyvää kusihädälleni

vai oliko se kuusi vuotta myöhemmin matkalla Cherbourgiin

yhtä kaikki *madame*

ja kaiken mausteena

hänen kärsivällisyytensä odottaa

lanttini kilahdusta lautaselle

minun ja Mika Waltarin asema

illuusio ja *madame*

muisti kutistaa vanhan ajan

maailman kokoisekseen.

## PILVI LAURIKKA:

Katseesi valo ja pimeys
kaappaavat ajatukseni
iltateen äärestä

           matkalle

Herran alttarille
odotuksen iloon,
pikkukäsien poimuihin,
ryppyjen pohjalta
haudan reunalle.


Ne minä haluan, sinun kanssasi.

*PILVI LAURIKKA:*

Istun junassa

maisema valuu ohi

puiden latvoissa

ikävä humisee kuin

miljoona kiskonmittaa.

## TEEMU PAARLAHTI:


Orivedellä on Eevantie,

siksi siellä ovat myös Eevan tyttäret

kauniita kuin juuri

punertuneet sokerimironit.


Repa haaveilee aamuvuorossa

pussillisesta Oriveden tyttöjä

ei muista

miten kävi nuorena omenavarkaissa Ahlmanilla.


Muuttuvat puheet matkojen mennen

tukkijätkien jorinaksi.

# MUISTON POLKUJA KULJEN

## PILVI LAURIKKA:

Haluaisin pakata
elämäni laukkuun:
huulirasva,
pari nenäliinaa ja pokkari,
kynsisakset ja avaimet
menneisyyteen.


Kaikkia kuvia ei koskaan saa mukaan
ja joskus haluaisi
katsoa uudestaan.

## TEEMU PAARLAHTI:

Ensimmäisen luokan kevät me väännettiin
bluesia Jampan saunakamarissa
kaikki talven saksan kuuntelut A-duurista.

Pössyteltiin dynamiittia ja ulvottiin kuin miehet

kahdentoista baarin miehet.

Me mentiin jo varhain muodista,
sauhuttiin kingeistä ja gallaghereista
väärinä aikoina

oltiin itse asiassa
omasta mielestämme hienoa väkeä, joka ymmärsi
kielisatsien ja pullonkaulojen syvimmät puheet
ja tiedetään me vieläkin, että musta mies miksaa
hi-hatin valkoista veljeään kovemmalle.

Myöhemmin mä jammailin linnassa.
Mulle maksettiin vähän
niin kuin bluesista kuuluu.


Kirjoita siitä yleisönosastoon.
Kirjoita, miten tappomiehiä hyysätään,
eivätkä omaisetkaan soita vanhuksille.


Ja kanttori laulaa mummojen kanssa virsiä,
ei bluesia ollenkaan.

*JOUNI PAARLAHTI:*

## LA VIE

Hellyttävät kasvot
nuoret ja uudet katsovat maailmaa joka soi
ei kauniina
ei ystävällisenä
alastomana ja sinisenä
vastasyntyneenä


katsoit sitä sinisin silmin
mustin, vihrein ja ruskein
harmain ja hellien
kosketit kukkaa ja kiveä
kuuta ja polvea
elämän jokaista pintaa

jota silittää hitaasti valssi

ihon pintaa liitävä tango


ihan tyynesti – *tranquillo*


haluat tanssia kaikille

kaduilla ja katoilla

kuutamolla ja poudalla

sanoa yksinkertaisesti

*c'est la vie*

*so ist das Leben*


tartu käteeni

tavataan joskus

*so ist das Leben*

ja syleillään

*c'est la vie*

*so ist...*

JOUNI PAARLAHTI:

## TILIA CORDATA

Minä puiston polkuja kuljen,
kun ilta aamun jo kohtaa.
Oksien kärjessä pisarat kiiltää
kuin vasta itketyt kyyneleet.

Tilia cordata,
kaunis elämän puu,
miksi et iloitse?
Onhan toukokuu!
Onhan nyt toukokuu!

Minä puiston polkuja kuljen,
kun aamu päiväksi vaihtuu.
Oksien kärjessä sydämet hennot
kuin vasta heräävä rakkaus.

Tilia cordata,

kaunis elämän puu,

kuivaathan kyyneleet?

Onhan toukokuu!

Onhan nyt toukokuu!


Minä puiston polkuja kuljen,

kun päivä illaksi painuu.

Oksien kärjestä sydämet särkyy

kuin särkyy ihmisen unelmat.

Tilia cordata,

kaunis elämän puu:

siksi et iloitse

vaikk'on toukokuu,

vaikka on toukokuu.

*PILVI LAURIKKA:*

Sade

tippuu

rauhoittavana

ränniä

alas

se

nauraa

aina

mutta

ymmärretään

usein

väärin

sillä

ihmiset

kuulevat

sen

kuplivassa

naurussa

oman

surunsa

rippeet.

## TEEMU PAARLAHTI:

Aloittaa Suomessa 1936 ja elää

seitsemänkymmentä vuotta, reilusti

merkitsee, että on ruskettunut

ryssän vihan ja sen toisen yleisliittolaisen auringon alla

Sikapään ajasta Muumimamman herrankukkaroon

kysellyt missä teidän isä on,

meidän isä on sodassa,

Berliinin olympialaisista ei muista mitään,

mutta Coca-Colasta ja neekereistä on jo jyvällä

nähnyt, kuinka kulttuuri saapuu Ähtäriin

ja televisio lestadiolaisseuduille,

kasvanut perheessä, jonka kokoisia ei valmisteta enää

ja painanut valkolakin päähänsä

harvalukuisessa joukossa

kulkenut Pohjanmaalle Haapamäen kautta

ja löytänyt vapahtajan

Morris Ministä

joten minähän en tenavia junissa raahaa

niin kauan kuin Route 66 halkaisee Jäminkipohjan matkalla

Tiistenjoelle

ja kesät ovat pitkiä kuin ennen vanhaan

katsellut Moskovan sirkusta Prahassa ja Tampereella.

Aloittaa Suomessa 1936 ja elää

seitsemänkymmentä vuotta, reilusti

on kova savotta yhdellä vartalolla, virkamiehellekin.

Selitä siinä timpurin näköisenä konstaapelille

minä olen akateemisestikin viisas

ja ajokortti kotona pikkutakin taskussa,

johon piiloudun päivisin.

Tässä tehdään kuule illat perheelle

huoneita Rymy-Eetun raivolla!

Aloittaa Suomessa 1936 ja elää

seitsemänkymmentä vuotta, reilusti

on merkinnyt paljon

muutakin kuin mahdollisuuksia

nähdä Irina Rodnina väreissä

ja kykyä vaikuttua näkemästään

paljaasta pinnasta lehtikioskilla

ennen kuin ne riisuivat kaiken

viattomuuden

pois tuulen puunlatvoista.

Viinakortista viimeisen tiskihandelin sulkemiseen

murheellisten ylistyslaulujen maassa

ja jossain matkan varrella huomaa

Mietaan hävinneen sadasosan,

lasten kasvaneen ja Jumalan jotenkin siunanneen.

Koira haukahtaa: miehen tie.

Aloittaa Suomessa 1936 ja elää

seitsemänkymmentä vuotta, reilusti

on virsi

341, kaikki säkeistöt.

Ei kokopäivätyö, mutta seurana on jo vainajia

Luojan curlingissa

menossa viimeinen pää, niin kuin oli alussa, nyt on.


Aloittaa Suomessa 1936 ja elää

seitsemänkymmentä vuotta, reilusti

alle kirjoitan

jätän asiani päätettäväksi.

*PILVI LAURIKKA:*

Pihistetyssä piparissani
inkiväärin ja neilikan seassa
lapsuus.

Puin kuusen
suuriin muistoihin, pieniin enkeliviulisteihin,
seinistä kimpoilevaan katseen lämpöön.

Kun avasin lahjan, sieltä kurkisti Kristus
joka avasi meidät kaikki.


Illalla kuusenpallon maisemassa kieppuu lumi;
joulu on hiljalleen satava laulu.

# AURINKOKELLO VIISI

*The time of the sun –*
*the heavenly clock.*
*Just a narrow streak*
*between night and day...*

*(käännös Liisa Paarlahti)*

*PILVI LAURIKKA:*

Lepää päivä,
pese nauru sateella,
ymmärrä enemmän.

## PILVI LAURIKKA:

Paljas puun oksa

kärjissä varovaiset

silmut joissa on

elämä niin kuin kuuluu;

kuolleesta puskee uusi.


Sinun naurusi:

kirkas kristallihelmi

sulavan lumen

vuolaassa putouksessa,

hiekkaisen tien uurteessa.

Asvaltin uurre
näyttää tietä jalalle:
Tässä routinut
mutta silti kukkaset
kukkivat kohti kesää.


Hentoiset korvat
rosoisessa oksassa
puhkeamassa
hymyyn joka kerta kun
kävelet pihatiellä.

**JOUNI PAARLAHTI:**

## AURINKOKELLO VIISI

Auringon aika – auringon kello.
Välissä päivän ja yön vain kapea raita
rajana levon ja työn.
Onni on ulkona kello viisi
kesällä kello viisi.


Varjot piirtyvät poluille
kuin viisarit kellon
kun astuu piennarta pellon.

Ei tunteja tunne
vain aamun, päivän ja illan
tuon kauniin kaarevan sillan
mun päiväni poikki.
Onnessa ei ole osia
kesällä kello viisi.

Kuuletko sinisen?

Kissankellon vaaleat suonet

ja keltainen kellon kieli.

Kuuletko punaisen?

Tervakon helma on kurttuun mennyt

kun teki tanssia mieli.

Kuuletko keltaisen?

Voikukan tyynyllä mettinen nukkuu

joi illalla nektarit pohjaan.

Kuuletko vihreän?

Nurmikka oikoo kasteista selkää

kun kulkuni niitylle ohjaan.

Nukutko onnesi ohitse?

Harvoin se kyliä kulkee.

Sen tuntee kun aamussa silmänsä sulkee.

Kesällä kello viisi.

## PILVI LAURIKKA:

Taivaalla hallaa,
uudet korret tuoksuvat.
Hitaasti herää
leskenlehden aurinko
sinunkin silmissäsi.

II

Koivupuun tuoksu,
vedenpinnan renkaita
katson ja kuulen
vain hengen havinan
ja sinun äänesi yössä.

III

Kaivan itseni
syksyn lehtikasoihin,
tunnen pehmeät
putoilevat pisarat
kuin sinun suudelmasi


IV

Katson talviyön
tuikkivia silmiä,
pieni hiutale
leijailee hiljaa alas
ja sulaa ihollesi.

*TEEMU PAARLAHTI:*

Syyskuun juhlat.
Mitä kesästä on jäänyt
pyrkii omenoihin.


Ne syödään ennen talvea
tai mädäntyvät niin kuin kaikki
kerran punaposkiset.

*TEEMU PAARLAHTI:*

Keurusselkä.

Pilviä kahvissani.


Syksyn rajalla

sanat kirkkaat ja kylmät

aika mankelin ahmima lakana.

JOUNI PAARLAHTI:

## LAISKURIN ILTALAULU

Minä odotin sinua illalla
ennen kissankellojen aikaa
kun kuiville lehdille putoili
koivun oksilta mahla kuin viini.
Muurahaisten pesästä kuului
hilpeä laulu ja nauru.
Ilta soitteli verkalleen yöhön.

Minä odotin sinua illalla
ennen kissankellojen aikaa
kun paju puki yllensä keltaista
ja teeri suki kulmille punaista.
Hiirenkorvat kuunteli vaiti
kuinka päästäinen lemmestä tuhisi.
Ilta souteli verkalleen yöhön.

Minä odotin sinua illalla
vielä päivänkakkarain aikaan

kun kyyhkyn kurkku on karhea

ja rastaan muoto niin surkea.

Sama kohtalo kumpaakin harmitti:

kilpalaulannan kehnompi voitti!

Ilta souteli verkalleen yöhön.

Tyhjiin haihtui myös iltaiset unelmat,

on aamulla noustava työhön.

En odota sinua illalla

edes ruusunkukkien aikaan

vaikka satakieleksi sanotaan

ja laulusi taikaan uskotaan.

Minä pidänkin kertuista, rastaista,

punatulkuista, naakoista, korpeista...

Silti joskus salaa kuuntelen,

jos sittenkin viidasta kuulisin sen

kun ilta soutelee verkalleen yöhön...

En nousisi arkeen, en työhön!

# PALSTAKIRJA

"Mustakantisen vihon arvoitus". Kävin tänään penkomassa kesämökkini sisuksia. Etsin mustakantista vihkoa, johon isäni on kirjannut mökkipalstan varhaisvaiheita vuosina 1962–1963. Äitini ei muistanut sellaista olevan... Mutta löytyipä etsimäni! Oma salapoliisityönsä on nyt selvittää, mitä isäni on kirjoittanut. Maisteri J. Paarlahti Turengin II piiristä on ollut sujuvakynäinen kirjamies, mutta miksikään kaunokirjoituksen mestariksi en häntä lähtisi nimeämään.

– Teemu Paarlahti Facebookin Pulpetti-ryhmässä 28.12.2015

Palsta on Temisevänmäen rinteessä. Se käsittää noin 48 aaria peltoa ja 27 aaria rantametsää. Palsta ostettiin Pekkalan kartanon maista keväällä 1961.

Palstan kaupan hieronnassa oli vähän vaikeuksia. Isäni **Yrjö Paarlahti** kävi kartanon isännän **Hans Aminoffin** puheilla jo kesällä 1960. Isäntä harkitsi hintaa ja lupasi tiedustella tontinhintoja veljeltään **Gunnar Aminoffilta**. Hinta meinasi muodostua aika huimaksi, puhuttiin kai 400–500 000 markan välillä olevasta summasta. Loppujen lopuksi hinnaksi sovittiin 280 000, mutta kauppa jäi toteutumatta kuitenkin.

Kesällä 1961 yritettiin uudelleen. ja hinta oli nyt 300 000 markkaa. Hinnasta kun oli sovittu, ei meinannut tulla selvää tontin rajoista maastossa. Halkorannan kylkeen piti loppujen lopuksi jättää kaistale ja rajat tikutettiin. Pekkalan tilanhoitaja **Lauri Tolppa** asioi kovasti meille tontin ostoa ja toimi puhemiehenä.

Hyrylään (HelltR, jossa kirjoittaja oli vuonna 1961 suorittamassa varusmiespalvelustaan, toim. huom.) tuli viimein tieto, että pitäisi tulla tekemään kauppakirjaa. Loma oli kovassa, mutta ruovesiläisen kapteeni **Niemen** myötävaikutuksella se heltisi.

Kauppakirja väsättiin Ruoveden nimismiehen kautta. Nimismies nyhtäisi kukkaroonsa 4000 markkaa, mitä täytyy vieläkin surra.

Palstalta poissuljettiin naapurin lehmät ja yritettiin karkotella pokkasakkeja ym. punapaitoja Pohjankylästä.

Raivaustöitä aloitettiin. Moni leppä ja kuiva kataja kupsahti. Pari risukasaa jäi jälkeen. Isä-Yrjö ihastui kiveen, joka käkkärämännyn alla seisoo. Sanoi maksavansa jo yksin kivestä 10 000 markkaa!

Yleinen havainto oli, että metsä on ollut yhteismetsä. Koivuista on tehty vihtoja ja kuusista otettu porrashakoja. Mutta komeitakin puita on. Vanhoja koivuja ja kuusia, pari kolme raitaa. Tuskin ainuttakaan haapaa.

Kauppahinta maksettiin elokuun lopussa 1961. Velkaahan aina kannattaa ottaa!

Ainoa istutusyritys – paatsama, joka pihistettiin Tolpan rannasta, ei ottanut menestyäkseen. Ei siitä suuria toiveita ollut alun alkaenkaan.

Palstalle yritettiin keksiä nimeäkin. Ehdotuksia oli monta: Mäntykallio, Ritaranta, Kivikallio ja huumorin merkeissä Pokkanokka ja Venttivuori. Mäntykallion nimellä se tällä haavaa kulkee.

*TEEMU PAARLAHTI:*

Vähän sen jälkeen kun mustalaisleiri oli muuttanut
siltä mäeltä taivaaseen
ja maa myyty alle kolmikymppiselle,
nousi huopahattu kallion päälle
katselemaan järvelle ja tervasrosoista mäntyä,
rannaksi tippuvaa tienoota.

Sillä puheella syntyi puuplassi
matkalle saunalta pihanreunaan,
mistä pääsi livahtamaan minin sivuitse väljälle nurmelle.

Silloin kaupasta ei saanut ranskalaista jugurttia
eikä asbestista keuhkosyöpää,
poika oli iässä jossa autoilla on silmät
ja meidän isä teidän isää
vahvempi.

Sen värisiä ei tehdä enää.

## JOUNI PAARLAHTI:

Kesä 1962. Muukalaisia pyrkii tänäkin vuonna kalliolle. Poikia ilmakivääreineen ja punaisine paitoineen.

Kerran menimme sakilla kalliolle. Siellä oli tumma vaimo ja pari poikaa majoittuneena tervapahvista tehtyyn telttaan. Pyykki oli meneillään rannassa. Kallion lakea kulkiessamme havaitsimme sonnan kierukan kalliolla. Sitä kärpäset kovasti kiersivät. Tästä saatiin aihetta muistutukseen. Nainen selitti, että siitä on niin kauniit näköalat! Teltta hävisi ja perhe livisti vikkelästi maantielle.

Tänään 31.7. naapurin punapää tytär kertoi vanhempieni vuokralaiselle **Anna Kiiskelle,** että meidän tontilla on pyykinpesijöitä. Minä viivana veneellä rantaan. Punapää istui jo heidän laiturinsa nokassa. Vanhahko nainen ja toinen, 30–40-vuotias, pesivät mattoja melkein venerannassa. Pehmustettua polkua oli kärryt tuotu rantaan. Minä yritin säyseästi kysyä, että joko muualta pyykkipaikat loppuivat. Eivät olleet kuulevinaankaan. Selitin yksityisestä rannasta jotakin ja silloin se alkoi. Vanhempi saarnasi, että lähimmäisenrakkautta pitää olla ja nuorempi kirosi että morkoonit soi. Kateutta, pahansuopaisuutta ja suunpaukustahan se meidän puoleltamme oli! Jos ei lahdesta enää saa kalaa, se johtuu kuulemma siitä, että kateus vie kalatkin vedestä! Kärryineen pesuväki meni mäkeä ylös ja nuorempi kirosi sydämensä kyllyydestä. Viimeinen ärräpää lensi, kun kärryt pääsivät tielle.

*TEEMU PAARLAHTI:*

Kierrän tätä mäkeä neljättä polvea
enkelinlämpöisissä jäljissä.

Kaivan askista sisun
niin kuin työmies tupakin,

kävelen samean runon tavoin
tuttuun valkamaan
selän ääreen,
josta kuhat jo kauan kaikkosivat.

Näiltä kiviltä olen lykkinyt venettä vesille,
miettinyt ehdinkö kyytiin
vai putosinko matalaan
rapusumpun viereen.

Joten turha kuule selittää että
ei saa laulaa järvenrannasta.

## JOUNI PAARLAHTI:

Tontille on siirretty seuraavia kasveja:

Kuusentaimia Kuoppamäen pellosta ja metsänreunasta 70–80 kappaletta. Niistä noin kolmekymmentä istutetiin heinäkuun 1962 puolivälissä Järvisen rajalle vähän sinne tänne. Loput taimista menivät kuusiaitaan.

Kuoppamäen (kirjoittajan vanhempien koti muutaman sadan metrin päässä, toim. huom.) rantametsiköstä löytyi kahdeksan sembramännyn tainta. Ne istutettiin tontin luoteisnurkkaan. Kaksi taimista pantiin uuden piikkilanka-aidan kylkeen rantaan.

Kuoppamäen sikakopin vierestä otin kaksi seljaa ja istutin ne tontille saunaa vastapäätä (kyseessä on naapurin sauna, joka on rannassa lähellä tontin rajaa. – palstalla päästiin omaan kylyyn vasta vuonna 1966, toim. huom.). Toinen menestyy jo nyt erinomaisesti, toisesta ei ole vielä tietoa.

Veljeni **Kimmon** kanssa haimme kotkansiipiä. Niistä kaksi istutettiin Kuoppamäen metsikköön, loput yhdeksän istukasta sijoitettiin tontin rantamaihin.

Hommasimme veljeni **Juhan** kanssa vielä viisi seljan juurakkoa. Kaksi niistä matkusti Kangasniemelle Pajurantaan (kirjoittajan tädin **Solda Virtasen** koti, toim. huom.) ja muut kolme istutettiin tontin rantaan saunaa vastapäätä.

Tontille tuotiin myös neljä tervalepän tainta. Ne istutettiin rantaan. Menestymisestä ei ole vielä varmuutta.

Kotkansiipien mukana tulivat myös *circaea alpina* (velholehti, toim. huom.), *linnaea borealis* (vanamo, toim. huom.) ja *galium tricornutum* (sarvimatara, toim. huom.).

Kalliolla kasvava *hierochloe odorata* (lännenmaarianheinä, toim. huom.) on kotoisin Ykspetäjästä (saari Jäminginselässä, toim. huom.) Katkera maksaruoho kahdessa kasvupaikassa on tätini **Aira Virtasen** tuoma ja lahjoittama.

Rajaoja naapuritaloa vastaan on veljeni **Heikin** tekemä (50 markkaa/metri).

5.8.1962: istutimme yksistoista pihtakuusen tainta. Lisäksi niitten sekaan pantiin yksi sembra.

6.8.1962: Ojaa kaivettu maantien viereen. Jäljellä enää yhdentoista metrin urakka. Taimia kasteltu, haettu vielä neljä tainta. Pihtakuusia on istutettu kaikkiaan noin kolmekymmentä. Illalla pidettiin katselmus.

8.8.1962: Istutettu kuusi luumupuun tainta itäkulmaan. Niistä pitäisi ainakin neljän menestyä. Samoin istutettiin kaksi Kuoppamäestä kotoisin olevaa haavan tainta.

9.8.1962: Pihtakuusen taimet sidottiin eilen tehtyihin keppeihin. Tervalepät ovat tehneet pieniä, hyvin pihkaisia lehtiä oksien kärkiin.

Kesä loppui tällaisten puuhien osalta tähän. Talveen mittaan alettiin kerätä uusia suunnitelmia kesää 1963 ajatellen. Kesken kaiken tapahtui sekin ihme, että velka (300 000 markkaa) saatiin 30.3.1963 loppuun suoritetuksi. Korkoineen tontin hinnaksi tuli 328 920 markkaa.

Huomioita istutusten osalta (1963):

Kohtalaisesti kasvuun lähtenyt kuusiaita siirrettiin puoli metriä lähemmäksi rajaojaa. Uusittiin 10-20 tainta. Metsässä istutukset menestyneet hyvin.

Luumupuista ainakin kaksi tai kolme nipin napin hengissä.

Turengista tuotu muutama vaahteran taimi.

Kotkansiivet kasvavat hyvin, samoin seljat.

Tervalepät osittain kasvavat tyvestä uusia vesoja.

Pihtakuusista muutamia kuollut, mutta kasvu yllättävän hyvää.

Tonttia kävi katsastamassa pariin otteeseen Hämeen-Satakunnan maanviljelysseuran puutarhakonsulentti **Mirja Kortesmaa**. Alustava suunnitelma tuli syyskesällä 1963. Lokakuussa kävin istuttamassa kymmenen omenapuuta.

## TEEMU PAARLAHTI:

Synnyin,
kun lokakuu majaili kylillä
ja rännit itkivät koleaa sadetta.

Minut pantiin tehtaan
ja sokerijuurikkaan maahan.

Omenapuita istuttamassa
isä kirjoitti päiväkirjan
mustien kansien väliin.

Puut tulin tuntemaan.
Viikonloput ja pitkät kesät
veivät tehtaan valosta
sahan kolinaan.

*JOUNI PAARLAHTI:*

Syys-lokakuun vaihteessa 1963 vaihteessa maanmittari **Lauri Hiillos** kävi lohkomassa palstan. Kokous aloitettiin Pekkalassa ja palsta sai nimen LAUTTARANTA. Kovat saderyöpyt haittasivat toimitusta, mutta saatiinhan se kuntoon, pyykit ja kaikki.

Palstan ensimmäinen rakennuskin nousi harjaan – aitta plus puusee. Malli on omasta päästä – kuinkas muuten. Rakennustöissä oli Heikki-veli apuna kovalla (!) palkalla. Hiki oli ja pilsneriä kului, mutta rakennelma onkin paikkaseudun kauneimpia, valtilla värjätty...

Talvella 1962–1963 alkoi mökin ulkonäkö vähitellen hahmottua. 25.11.1963 kävin jättämässä luonnoksen ja suunnitelman arkkitehdille Otaniemeen. Jännityksellä odotetaan lopullista piirrosta, jotta voidaan päästä taas asiassa eteenpäin, so. etsimään rahaa! Jos sitä kertyy n. 5000 markkaa (uusia markkoja, toim. huom.) on aikomus aloittaa työ ja tehdä se pääosin omin voimin, vain välttämättömimmässä ammattiapuun turvautuen. Esimerkiksi muuraria tarvitaan.

*TEEMU PAARLAHTI:*


## JONAKIN ALKUSYKSYN ILTANA


Jonakin alkusyksyn iltana olen siinä. Talon verannalla, lännen
puolella. Olen ja maalaan taulua. Toivon, että siitä tulee hyvä.

Ensin maalaan itse talon, noin ikäiseni. Monien kerrosten tuvan,
vuosikertojen kyllästämin seinin. Etelää ja itää katselevat ikkunat,
koirankynnen raapaisut etuoveen. Ehkä kiehkura savua piipun
päähän olisi paikallaan, en tiedä. Kamiina on ikänsä ollut huono
vetämään.

Sitten laadin miehen. Hän astelee alas rinnettä maantielle päin
koppa käsivarrellaan. Hänen ikänsä on yhdentekevä, mutta sieneen,
sinne hän on aikeissa. Siinä hän on, halusinpa tai en – ilman
sienikoppaa en tauluani tee.

Seuraavaksi luon tyttären. Värin täytyy olla kirkas, se puhuu paljon.
Häneen on saatava liikettä, vihertävä peruskarakteeri tungettava
esille. Vaikka kuokalla tai lapiolla.

Nyt panen kuvaan taas miehen, erilaisen ja nuoremman kuin
kopankantaja. Talon historia tulee tarvitsemaan hänet.

Ja taas nainen, äiti. Pullantuoksun väriä en löydä, mutta tiedän sen
kuuluvan kuvaan. Hahmottelen hänet jonnekin vähän sivummalle.
Syrjäiseksi, mutta kauniilla vedoilla, ohittamattomaksi.

Mietin, luonnostelisinko itsenikin jonnekin, ehkä halkopinon ja
saunan väliin. Sillä saunan minä myös teen. Kyllästetyn,
helppohoitoisen. Ehkä kuitenkin hallitsen kaiken paremmin kuvan
ulkopuolelta. Kätkeydyn järvelle viettävään sekametsään. Otan
mukaani hänet, jonka kanssa tulen nostamaan laiturin monena
syksynä.

Mitäpä tästä taulusta enää puuttuu - **Juice Leskinen?** Mies, joka vuonna 1978 laati profetiansa, *Jäminkipohja Boogien.* Seuraavana keväänä koppamies juoksi kallion päältä ja huusi, että nyt se palaa. Mutta pysyköön Juice poissa taulustani, on päässyt niin moniin muihin.

Vilkaisen taivaalle. Tähdet vilkuttavat. Talo narauttaa tyytyväisenä nurkkaansa

Vedän keuhkollisen ilmaa. Nousen ja nitisytän lankkuja mennessäni. Otan syksyn reunasta kiinni ja annan sen kuljettaa minut joulun kynnykselle.

Jonakin joulukuisena iltana olen taas siinä. Talon verannalla, lännen puolella. Olen ja maalaan taulua. Toivon, että siitä tulee hyvä.

*TEEMU PAARLAHTI:*

Pisarapeitto yönkorvalla
päässä päivän kääntöpuoli
puusihvilän läpi
silloin tällöin putoavan omenan jympsähdys.

Jossain lyövät kellot.

Öljymaalin kippuroita laudoituksessa
villi piha, mennyt aika
seinustalla viikate muistuttaa.

Venttivuoren ilta.
Muistot ottavat kiinni.

## TEEMU PAARLAHTI:

Polku on pikataival

pojalle ja Matchbox-tallin autoille

oksien välistä pilkottaa kotipolttoista valoa

niin kuin dynamo luistaisi

ajatukset väpättävät etsiessään toisiaan.

Paina minut huulillesi

puhalla sisälleni

pihkantahmea itsesi.

*TEEMU PAARLAHTI:*

## JÄMINKIPOHJA BOOGIE

En ole koskaan ollut intomielinen juiceuskovainen, mutta toki digannut hänen musiikkiaan kaikella kohtuudella.

Levykokoelmassani on cd:nä vuoden 1974 *Per Vers, runoilija* - albumi, jonka ostamiseen vaikutti varmasti se, että bändissä on mukana lukioaikainen musiikinopettajani **Jarmo "Eetu" Tuominen** (1954-1988). Myös *XV Yö (Tauko III)* vuodelta 1980 on kulkeutunut haltuuni. Vinyylihyllyssäni, jossakin vähän Locomotiv GT:stä vasemmalle, kököttää alkuperäinen painos livelevystä *Tauko II* (1979), joka on jäänyt Leskisen tuotannossa hieman sivuraiteelle. Soundit ovat kieltämättä syvältä, mutta itse pidän monia levyn kappaleita erinomaisina. *Kiskoilla maaten, Hittejä ja idoleita, Kalevi ja Reiska, Orimattila*. Ja tietysti *Jäminkipohja Boogie*.

*Jäminkipohja Boogie* kiinnosti minua heti ilmestyessään jo siksi, että kyseessä on oma kyläni. Itse asiassa ainoa talokasauma, joka on pysynyt elämässäni mukana syntymästäni saakka. Vietin siellä ensi aikojeni kesät aika lailla tarkasti ja nykyisinkin omistan sieltä vähän maata ja kiinteistöä. Lapsuuteni ääniraitaan kuuluu sahan lajittelijan kolina ja testikuvaan laitoksen järvenlahden yli kajastavat valot. Liekö Jäminkipohjan päätymiseen Leskisen levylle vaikuttanut se, että Slamissä tuohon aikaan soittanut kitaristi **Petteri Salminen** (1955–1985) oli kotoisin kymmenen kilometrin päästä Kekkoselta.

Leskinen runoilee: *"On saha pantu kiinni. Minä töittä oon. / Lyötynä ryömin kortistoon. / Kallon onkaloon runo jäi: olen rappiollllllllla! / On vain hot rod ja alcohol / ja rock and roll.* Luultavasti valitettavan todellinen kuva monesta maaseudun pikkupaikasta. **Antti Heikkinen** kirjoittaa Leskis-elämäkertansa *Risainen elämä* (Siltala 2014) sivulla 241: *"Laululla on yllättäen todellinen pohja, sillä 70-luvun lopussa Jäminkipohjassa sijainnut*

*Pohjan saha paloi ja moni nuori mies jäi heikoille eväille,*
*yksinomaan velton boogien varaan."*

Tässä Heikkinen valitettavasti ajaa rukkinsa kivelle. *Jäminkipohja Boogiella* ei ole todellista pohjaa – ei ainakaan *Risaisessa elämässä* kerrotulla tavalla. *Tauko II*:lla oleva kappale on äänitetty tukholmalaisessa Bal Palais – ravintolassa 20.10.1978. Pohjan saha paloi äitienpäivänä 1979 eli runsas puoli vuotta myöhemmin. Juice Leskisen *Jäminkipohja Boogie* on itse asiassa karu ennustus, jonka toteutumisen tapaa tekijä tuskin laulua kynäillessään aavisti.

*PILVI LAURIKKA:*

Seison yksin rannalla,
linnan viereen on unohtunut lapio
ja hiekka on jo kylmää.

*TEEMU PAARLAHTI:*

Katselen jäälle

yö roikaa
selkä elää
Jumala jättänyt
pari tähteä päälle.

Juureni tässä pimeässä.

# LÄHES PROOSALLINEN LIITE

*TEEMU PAARLAHTI:*

## PORTAAT TAIVAALLA

Taivaan siniset portaat
näytti isä pojalle
joskus jossain
valovuoden matkan pohjoiseen.
Kauniit kahdeksan sinistä
portaat
    taivaalla
        taivaan
            portaat.
Silloin ympärillä vain tuuli,
kivenlohkare tunturin povella.
Nyt on kivet seininä - -
tuulena sydämen lyönnit,
kun kaupunki elää.

Yhä näen kahdeksat kauniit

                      portaat

          taivaalla

     taivaan

portaat.


Ne lähtevät näistä

harmaiden arkien aamuista.

Betonista versovat

kivistä kasvavat

taivaan siniset portaat.

# JOUNI PAARLAHTI:

## JOUTSENEN LENNON AIKAAN

**Isän mietteitä erämaajärvellä heinäkuun iltana joutsenen lennon aikaan.**

Tämän tarinan ainekset on koottu teltassa kahden pienen erämaajärven välisellä kannaksella aivan maamme itärajan tuntumassa Saariselän pohjoispuolella. Tänne me, isä ja poika, olemme päätyneet yöpuulle. Takana on jo viisi vaelluspäivää. Retkemme ei ole yhdessä koettuna ensimmäinen. Tuntuu siltä, että matkaan täytyy päästä yhdessä joka kesä. Onkohan se sitä Lapin kuumetta? Me edustamme eri ikäpolvia, sillä ikäeromme on melkein kolme vuosikymmentä. Aivan kuin monessa muussakin perheessä myös meidän välillämme tuntuu olevan joskus kovin korkea aita. Sen ylittäminen vaatii tarmoa ja tekniikkaa. Tämä tuli mieleeni, kun retken alkutaipaleilla jouduimme ylittämään korkean poroaidan. Emme me tarpoessamme kovin paljon puhu, kumpikin kun mietiskelee omiaan ja havainnoi ympäristöään.. Toisin on tauolla, kahvitulilla tai leiripuuhissa. Nuotiollakin on oltava työnjakonsa, samoin aamu- ja ilta-askareissa. Niiden lomassa tulee vaihdetuksi mielipiteitä monista asioista. Eikä ole koskaan pahaa sanaa sanottu puolin eikä toisin – se on aivan kuin kiellettyä. Ärtyneisyyteen saattaisivat olla hyvänä syynä väsymys, hyttyset tai jokin muu pikkuharmi. Mutta jostakin

78

syystä ympäristöönsä suhtautuu toisin kuin kotona, jotenkin leppoisammin, ystävällisemmin ja ymmärtäväisemmin.

Taivalluksessa tulee silloin tällöin taukoja, kun luonnossa näkyy jotakin kiintoisaa. Emme kalastele retkillämme, mutta seuraamme puroissa kalojen liikkeitä. Koskikaran kohtaaminen voi viedä pitkän tovin päivästämme ja tunturin laen kapustarinnan ääni hymyilyttää meitä molempia: taas tuon tutun tervehdys! Ja mitä näkyykään tunturin laelta? Joku sanoo: voi mikä näky! Tai yksinkertaisesti: ihanaa! Minulle maisema on kuin siniset portaat taivaaseen!

Juuri luonnon yksityiskohtien kokeminen on hyvin henkilökohtainen asia. Tunturin rinteen puron varteen nousseille kulleroille ei voi olla hiukan lepertelemättä, noille pienille keltaisille auringoille. Riekonmarjan veripunainen lehti tuo mieleen sen ankaran luonnonjärjestelmän, joka karsii meistä heikot. Ja kun piekana naukuu, tulee sanoneeksi ääneen: älä hyvä olio hätäile, enhän minä sinulle mitään? Ja kun oli pakko ottaa rasiaan näyte marjapuuronpunaiselta hiekkarannalta – se sai tietenkin nimekseen Pink Beach! Tämä on sitä salakieltä, joka vähitellen versoo retkeläisten keskinäisissä puheissa. Meille sanonta "makaaberi juttu" merkitsee nyt leiriytymistä Kuolemanjärven rantaan!

Ilta tällä erämaakannaksella on kulunut lähelle puolta yötä. Aurinko paistaa silti vielä himmeästi. Järven takaa kuuluu yhtäkkiä toitotusta. ja kohta näkyy valkoinen siipipari: laulujoutsen aikoo laskeutua järvellemme. Sen tarkat silmät huomaavat kuitenkin savumme, se lisää korkeutta ja häipyy matalalla lentäen koilliseen. Tunnin kuluttua se palaa toitotellen hämylennoltaan hiukan eri reittiä.

Ohuen telttakankaan takaa erottuu ajoittain vain poron sorkkien napse. Varmasti on suden ja karhunkin saatava ruokansa jostakin saloilta, mutta ei niihin muka lujan telttakankaan takana osaa

79

suhtautua vähääkään pelokkaasti. Vieras ihminen teltan ulkopuolella tuntuu ajatuksena pahemmalta.

Yhteiset kokemukset, kommellukset ja riemujen aiheet näin kahden kesken syntyneinä yhdistävät meitä isänä ja poikana. Jos voit lähteä vaikkapa Lappiin vaellukselle, lähde isäsi, äitisi, veljesi, ystäväsi kanssa. Älkää lähtekö nuorempana ja vanhempana, kokemattomana ja kokeneena, koululaisena ja insinöörinä, vaan tasavertaisina ympäristöön, jossa on molemmille aivan uutta koettavaa. Silloin syntyy tunne yhteistyöstä, jossa ei ole pomoja eikä alaisia. Ja kolmanneksi matkakumppaniksi te saatte alati läsnä olevan luonnon. Sekin on otettava tasavertaisena huomioon, senkin kanssa on keskusteltava.

Kullakin on omat askareensa. Ei tarvita pyyntöjä, käskyjä eikä kiitoksia.

## TEEMU PAARLAHTI:

Katsoin netistä kotimaisen elokuvan.

Siinä näkyi 80-luvun Oulu ja Jonna Järnefelt naken.

Mitään siitä en muista nähneeni luonnossa, paitsi Oulun

lentokentän kesällä -81.

Siellä olivat silloin kaikki

sähkölukot rikki.

Koneessa tapasimme tuttuja miehiä vaellukselta.

Heissä viipyi lasista läikkynyt olo

meissä koti-ikävä

maattuamme yön tukkeina

Kuolemanjärven rannassa.

Nykyisin katson kaiken netistä.

Se on elämäni

referenssinauha

josta käyn läpi kohokohdat, kuvittelen

heinäpäät ja muut 80-luvun oulut.

## J.V. TERÄS:

## KATKELMA PIENOISROMAANISTA *SEURAAVA PYSÄHDYS KUOLEMA*

Loppuvuosi 1971. Se kausi, kun Karhu-Kissat käväisi SM-sarjassa. Mitään Liigaahan ei tuohon aikaan ollut, mitä nyt Klaukkalan nappulaliiga ehkä. Vaasan Sport ei onnistunut sinäkään talvena pelaamaan itseään Suomen sarjasta ylimmälle tasolle eikä pikkutakkimiesten kabinettipeli ollut vielä voimissaan. Minun kannaltani tärkeät tapahtumat eivät liittyneet edelle esitettyihin mitenkään.

Isäni päätti viedä minut itsenäisyyspäivän aattona jääkiekko-otteluun. Menimme meidän renulla. Tampereen Hakametsässä kohtasivat Tappara ja Porin Ässät. Kotijoukkueen maalilla hääri niin kuin aina tuohon aikaan Antti Leppänen ja patapaitojen Jorma Valtonen, molemmat sittemmin Suomen Jääkiekkoleijonia. Verkko heilui neljästi. Tappara voitti 3-1. Leppänen tuli kerran näyttävästi vastaan ja katkaisi porilaisten marssin lähes puolesta kentästä. Tai siltä minun muistoni nyt näyttää. Ottelun tiimellyksessä järsimme tervaleijonia.

Olin vaikuttunut. Siitäkin huolimatta, että noina vuosina halleissa ei ollut cheerleadereita. Enhän minä tuossa iässä olisi heistä mitään ymmärtänytkään. Vauhtiin päästyämme kävimme seuraavalla viikolla katsomassa Kooveen ja HIFK:n kamppailun, jonka edellinen yllättäen voitti 4-1. Olin myyty. Menetin sydämeni sekä pelille että Dynamolle.

Noista keskenkasvuisuuteni ajoista olen ollut koukussa kiekkoon. Siniviivavetoihin, tolppien kilinään, maalinedusmylläköihin ja gamesavereihin.

Luultavasti alussa merkityksellisintä oli se, että menimme otteluun yhdessä isän kanssa. Tuohon aikaan kukaan ei lässyttänyt laatuajasta, mutta sitä nuo illat jälkikatsannossa pikkupojalle eittämättä olivat. Myöhemmin menin yksin tai kaveriporukassa. Kaverit pakkasivat vain olemaan huonoa seuraa, sillä heidän mielenkiintonsa itse peliin tuntui järkiään herpaantuvan kesken. Minä taas halusin nähdä jokaisen hetken ja tilanteen enkä kierrellä pitkin hallin käytäviä. Niinpä usein tapahtui jako kahteen, minä ja muut. Kasvettuani sittemmin korston mittoihin olin joutua oikeusmurhan kohteeksi, kun hallin ovella lipunkulmia nyhtänyt körmy väitti kivenkovaan minun olevan yli 15-vuotias, joka yritti sisälle lastenlipulla. Olin 14 ja sen ikäisillä ei 1970-luvulla yleensä ollut virallisia henkilöpapereita. Jotenkin karsinaan pääsin, mutta kokemus on jättänyt lovensa Hakametsän hohtoon mielessäni.

Aikuisiällä olen sitten nähnyt monta hallia ja ennen kaikkea monta peliä. Usein Heikin kanssa. Kouvola, Kupittaa, Kuparisaari – ja kirsikkana kaakussa tietysti Keuruun pakastin.

Heinolassa katsomossa istui niin verenhimoinen muori, ettei hänestä tohdi edes kirjoittaa.

## PILVI LAURIKKA:

Linnut kakkasivat penkeille mummolassa,
uimarannalla seisoi ikuinen betonikivi,
johon joku oli maalannut sydämen.
Itse leikatuilla paperihevosilla
oli tähtiä ryntäissä
ja joka kevät purot juoksivat kovaa.


Haluaisin ihan hetkeksi
kelata taaksepäin;


pysähtyä auringonlaikkuun,
jahdata lumihiutaleita ja nuolla jääpuikkoja


ennen kuin joku taas tulee kertomaan,
että aikuisena ei enää tehdä niin.

*TEEMU PAARLAHTI:*

## JOSKUS VÄHEMMÄN ON ENEMMÄN

— Teemu, hattu pois päästä! Isän sanat tulevat jostakin puheen ja murahduksen välimaastosta.

Menossa on lämmin ja lähes loputonta kesä 1970-luvun pohjoisella Pirkanmaalla. Päivä on kypsynyt varhaisillaksi. Aurinko tulee jo vähän alemmasta kulmasta lännen suunnalta. Se kuorruttaa keittiön ikkunasta aukeavan vinon peltomaiseman lämmöllä. Tiellä punainen japanilainen jurruttaa Temisevänmäkeä vastavaloon, joka lyö tuulilasin hyttysenraadot ja kivenhakkaamat kuljettajan silmille. Postiauto on jo mennyt Tampereen suuntaan.

Isä ei puhu isoon ääneen, mutta sanoissa on painoa. Vähän takaperin äidin huhu on karhunnut minut ruokapöytään. Olen tullut siihen niin kuin pavunväriset pojat ovat maailman sivu suvina tavanneet – pihalta pojan puuhista. Olen nakannut huudon päälle vielä pari tikkasarjaa saadakseni kierroksen täyteen. Päässäni ovat menossa tiukat maailmanmestaruuskilpailut, joissa olen tietysti itse keulilla. Mökkielämä vaatii mielikuvitusseuraa, sillä kaverit ovat kaupungissa, jossa ukkosetkin ovat jykevämpiä kuin täällä. Nälkä on kouraissut kotoisasti suolenmutkassa tullessani juoksujalkaa sisälle.

Pöydässä on kaikki tutusti. Meillä syödään kesällä illansuussa piimää ja talkkunaa, jota ruopaistaan peltipurkista sinivalkoisella kiinalaisella posliinilusikalla.

Saman näköisiä purkkeja on keittiön hyllyssä useampia, yhdessä kaakaota, toisessa korppujauhoja. Talkkunan parina on useimmiten kalaa ja niin nytkin, aamulla verkosta tullutta lahnaa savustettuna.

Minua neljä vuotta vanhempi sisareni istuu jo paikallaan, isä ja äiti odottavat hekin nuorimmaistaan. Meillä on tapana, että syödään samaan aikaan ja silloin, kun on katettu.

En ole vielä iässä, jossa isien opit pannaan mankeliin. Mutta tänään jokin pirunhörhäke kykkii olallani ja tartun miestä sanoista.

— Miksei saa syödä hattu päässä?

Kalloani komistaa lippis, jossa lukee isälle tutun pohjalaisen autokauppiaan firman nimi.

Isä ei sano mitään. Hattu pysyy päässä. Kysyn taas.

— Mitä vikaa siinä on, jos syö hattu päässä?

Isä on hiljaa. Sitten asia purkautuu huulien välistä. Äänessä on Yrjö-vaarin kaiku. — Kuule. Se on Jumalan viljaa, eikä sitä syödä hattu päässä!

Lippalakki löytää paikkansa tuuletusikkunan kahvasta. Enempää aiheesta ei sanota nyt eikä myöhemminkään.


\* \* \* \* \* \* \*


Elokuu taittuu lounaaseen psykiatrisen sairaalan henkilökunnan ruokalassa. Kuluvina aikoina aterioitsijoiden

joukko on saanut uuden ilmeen, kun samoilla main toimintansa aloittaneen koulutuskeskuksen nuoret ovat ryhtyneet syömään kanssamme samoista padoista.

Nytkin sali on täynnä tuoretta verta. Seuraamme työtoverini kanssa syrjäsilmällä linjastolla hääräävää joukkoa. Olemme vanhan liiton

86

väkeä ja siksi ajatuksemme tarttuvat muutaman lippalakkipäiseen pojanhujoppiin. Viime viikolla on ruokapöydässä ollut miesporukassa puhetta, kuinka emme jaksa riemuita hatuissaan einehtivästä nuorisosta. Kun meidät on kylvetetty toisenlaisella opilla. Huomaan seuraavani mielenkiinnolla pöytänsä ääreen asettuvaa poikakaksikkoa. Tänään lätsät lähtevät.

Hymähdän hiljaa tykönäni ahdatessani italiansalaattia ja kasvispihvejä suuhuni ja peremmälle. Isien synnit kertautuvat kolmanteen ja neljänteen polveen, mutta myös myönteisempi meno. Sekin on mielessä jokusen kerran käynyt, että liekö muinainen ateriahetki lapsuudessa ollut ainoa kerta, kun isä puhui kotona Jumalasta. Lapsuuteni asiallinen ja akateeminen perhe ei ollut päällepäin kovin uskonnollinen, lähinnä elämä oli tavallista suomalaista. Mutta joskus vähemmän on enemmän.

*TEEMU PAARLAHTI:*

## MATKALLA OMASSA MAISEMASSANI

**Kotoisassa elementissä**

Kesäkuu 2012. Alus jää makaamaan rannan tuntumaan, miehet häräävät. Jokin koneessa piiputtaa. Laivan kolmisylinterinen liikuttaja on vuodelta 1914, joten vatsanpurut eivät ole aivan yllättäviä. En viitsi asiaa tietävämmiltä sen tarkemmin kysellä - pelosta, että se selvitettäisiin minulle alkuräjähdyksestä alkaen.

Pouta on hauras, mutta pitää. Meitä on aluksellinen väkeä lähdössä risteilylle Ruoveden laivarannasta kohti noin tunnin ajon takana olevaa Pekkalan kartanoa. Risteilijämme tosin ei ole suuren suuri, vaan Vilppulan Veneilijöiden rakkaudella ja taidolla kunnostama *S/S Kotvio II,* porilaisella Rosenlewin Konepajalla vuonna 1884 tukkihinaajaksi valmistunut vedenkävijä ja alkuperäiseltä nimeltään *Näsijärvi.* Se on siis näissä vesissä varsin kotoisessa elementissä - sikälikin, että se sai nykyisen nimensä tullessaan 1930-luvulla ruovesiläisen Kotvion sahan omistukseen.

Kotoisessa elementissä olen minäkin ja matkalla omassa maisemassani, sillä isänpuoleiset juureni ovat Ruovedellä. Tämä seikka on saanut minut nyt puolisoni kanssa ilmoittautumaan Mänttä-Vilppulan Autere-opiston järjestämälle retkelle, jonka aiheena ovat erityisesti vuoden 1918 tapahtumat näillä tienoilla.. Toki osansa on silläkin, että matkaa isännöi hyvä toverini **Pekka Sairanen,** Mänttä-Vilppulan kaupungin kulttuurijohtaja. Matkalle lähdettäessä laivarannassa on vastaan kävellyt vielä mukava yllätys: opetusneuvos **Reijo Takamaa**, pitkäaikainen tuttavani ja armoitettu purjehtija Lapualta, on sattumoisin pestautunut täydentämään aluksen miehistöä. Otan hänestä ja Sairasesta kuvan *Kotvio II:*n kannella ja totean, että joskus Mäntän ja Lapuan miehet ovat kohdanneet näissä maisemissa hankalammin kuin nyt.

Pekkalan kartano sijaitsee lapsuuteni ja nuoruuteni kesämaisemissa. Isovaarini **Sefanias Virtaenen** (1872-1951) oli lähes koko työuransa ja myös sisällissodan aikaan kartanon metsänvartijana. En ole käynyt itse kartanossa vuosiin, vaikka omistankin nykyisin kaistaleen maata parin kilometrin päässä siitä. Itse asiassa omistukseni ovat aikoinaan kuuluneet kartanon maihin ja tilkun saaminen aikoinaan vanhempieni haltuun liittyy vahvasti Sefaniakseen ja hänen palvelussuhteeseensa kartanoon. Mutta se tarina on oikeastaan toisen kerran asia, vaikka sen lähteeksi olisi nytkin tarjolla isäni **Jouni Paarlahden** (s. 1936) päiväkirja 1960-luvun alusta.


**Akateeminen vartti**


Olen pienestä alkaen pitänyt pohjoisen Pirkanmaan ja Näsijärven vesistön maisemista, tummista kuusikkorannoista ja vinoista pelloista. Ne ovat olleet minulle rauhan ja kieltämättä aikoinaan nuoruuden vaahtopäissä myös tylsyyden tanhuvia. Tämä matka toisi uutta valoa näihin näkymiin. Mukanamme on historioitsija **Tuomas Hoppu**,

joka on tutkinut Ruoveden alueen sisällissodan aikuisia tapahtumia. Kotvion puksutellessa kohti Pekkalaa hän kertoilee monenlaista tuosta levottomasta ajasta. Hän toteaa tutkijana saneensa välillä tietoonsa sellaista, jonka on parempi jäädä pimentoon. Menneen arvet ovat olleet kipeitä ja aivan jokaista niistä ei kannata repiä auki vieläkään. Poikkeusoloissa tavalliset ihmiset ovat tehneet epätavallisia tekoja. Tiedemiehen sanoissa kuuluu ihmisyyden ääni.

Vuosia Vilppulan vaiheilla asuneena olen tullut tutuksi sen seudun sotahistorian kanssa. Vuonna 1994 olin mukana avustajana, kun silloinen Lapuan hiippakunnan piispa **Yrjö Sariola** siunasi Vilppulan kirkkomaalla punaisten joukkohaudan, jonka ylle ristinmerkki oli jäänyt ajallaan piirtämättä. Seuraavana vuonna olin niin ikään läsnä – silloin vain yleisön joukossa - kun punaiset saivat oman muistokivensä Vilppulankosken etelärannalle. Valkoisten patsas on seissyt vastarannalla jo 1930-luvulta. Olen myös perehtynyt valokuviin, joita on otettu Vilppulan kirkon kevättalven 1918 taisteluissa rikki ammutuista uruista ja kiivennyt kirkontorniin lukeman Pohjanmaan miesten vartiopaikalleen raapustamia kirjoituksia. Sen sijaan minulle on nyt uutta, että Ruovedellä kuoli sotakuukausina enemmän ihmisiä kuin Vilppulassa. Syy oli mitä ilmeisimmin se, että Vilppula koskenseutuineen tiedettiin lujasti teljetyksi ja näin ollen punaiset pyrkivät sen sivuitse Ruoveden kautta kohti Haapamäen tärkeää rautatiesolmua.

Hoppu kertoo myös Venäjän armeijan Näsijärven laivastosta - sellainen oli todellakin keisarikunnan loppuvuosina olemassa! Myös *Kotvio II* - tuolloin siis *Näsijärven* nimellä seilannut hinaaja – kuului keulatykillä varustettuna siihen vuosina 1916–1917. *Kotvio II* tunnettiin aikoinaan myös lempinimellä *Iso musta,* mutta matkatessamme nyt rauhaisasti Kautun vuolteen kautta Jäminginselälle ja kohti Pekkalaa on vähän vaikea eläytyä sen sotaa sivunneeseen menneisyyteen.

# Isäntä vastassa

Matka luistaa ja maisemat käyvät entistäkin tutummiksi. Sivuutamme Jäminginsaaren, joka nostaa mieleeni muistoja kesältä 1969, kun olimme saaressa yöretkellä - meidän perhe yhdellä Kuusamon serkulla kasvatettuna. Jännittävää oli ja mukavaa, vaikka kotimatkalla taisi tuli sade. Saari katselee meitä metsäisenä ja salaperäisenä. En muista sielläkään vuosikymmeniin käyneeni. Kohta kaarramme pitkulaiseen Pekkalanlahteen, jonka vesillä on perimätiedon mukaan hyvät lahna-apajat. Laskettelemme kartanon laituriin, jolla Pekkalan kartanon nykyinen isäntä **Marcus Hackman** jo odottaa. Mieleen tulee jotenkin **Volter Kilven** *Alastalon salissa* - tiilen alkukuvaus, jossa Alastalo vartoilee talonsa rantaan saapuvia veneitä.

Kapuamme maihin ja nousemme kartanonmäelle. Tuntuu jotenkin jännittävältä olla täällä, sillä edelliset muistikuvani Pekkalassa käymisestä liittyvät lapsuuteeni. Jollakin asialla silloin kävin talossa isäni ja vaarini **Yrjön** (1905–1976) kanssa. Kartano oli tuolloin lähellä, mutta etäällä: järveltä käsin maisemaan paikoittuva kaukomaa, osa "Virtasen papan" elämäntarinaa ja postilaatikko tienhaarassa.

## Sefaniaksen jalanjäljet

Tätä kartanoa siis palveli isovaarini Serfanias, joka minun syntyessäni vuonna 1963 oli levännyt jo toistakymmentä vuotta

91

Ruoveden hautausmaalla. Hän on elänyt minulle erityisesti isäni puheissa, ja nimenomaan "Sefaniaksena" tai "Virtasen pappana". Olen kuullut tarinoita kalareissuista ja siitä, miten Sefanias oli jättänyt aikanaan isomummoni kosimisen kalkkiviivoille: **Martta Marialla** (1880–1936) oli ollut jo passi ja tiketti valmiina Yhdysvaltoihin muuttamista varten. Sefanias oli kuitenkin vetänyt vaihtoehtona pitemmän korren ja **Raiskin** tyttö jättänyt Atlantin taakse lähtemisen sikseen. Tarina on liittänyt kosimiseen vielä yljänplantun jahkaamisen, että *"jos kettu menee tien yli ennen kuin olen perillä, niin sitten kosin"*. Kettu oli mennyt. Osittain siis tuota eläintäkin saan olemassaolostani kiittää. Se, miksi itse olen Paarlahti enkä Virtanen johtuu siitä, että sukumme vaihtoi nimeä vuonna 1957. Olenkin joskus veistellyt olevani ensimmäinen syntyperäinen mies nykyisellä nimellämme. Ja tottahan se on.

Sefanias oli aikanaan kylällä merkittävä mies ja mukana pitäjän kunnallispolitiikassakin. Hän oli porukassa myös elokuussa 1905, kun **Yrjö Mäkelinin** johdolla perustettiin Pekkalan kartanon torpparien ja työmiesten yhdistystä. Sefanias oli elämänsä loppuun asti sydämeltään sosialisti - mikä ei aina myöhemmin ole nostattanut porvarillistuneessa suvussani riemunkiljahduksia. Itselleni näiden juurien löytäminen nuorena, vihaisena 80-lukulaisena oli merkittävää.

Sefaniaksen valoisa varjo on näyttäytynyt jo laivamatkamme aikana: lähelläni kannella istuskellut mies Myllykylän suunnalta kertoo kuulleensa vanhemmalta väeltä tästä paljonkin. Jokunen tarina on omiin korviinikin kantautunut - muun muassa se, miten metsätyömiehet olivat kerran kaataneet väärän puun ja jämptinä päällysmiehenä tunnetun Virtasen pelossa laatineet runkoon saranat, jotta se saatiin taas pystyyn... Ei auttanut, virhe tuli ilmi, mutta mitä siitä seurasi, ei ole tiedossani. Maihin päästyämme haastelemme lisää. Keskustelukumppanini - jonka nimen ikäväkseni hukkasin jonnekin höyrykoneen jytkytykseen - kertoo, että hänen isänsä oli isotätieni **Solda** (1904–1989) ja **Aira**(1908–1990) **Virtasen** koulutovereita ja kyytinyt myöhemmin monet kerrat sisarukset hevosella Korkeakosken asemalta, kun nämä olivat tulleet käymään synnyinpuolessaan.

Hahmotan tässäkin maantiedettä uudestaan: lähin junanpidätyspaikka Jäminkipohjasta katsottuna ei ollutkaan Vilppula niin kuin olen luonnostani arvellut, vaan vähän nykyisestä Juupajoen keskustan rautatieseisakkeesta pohjoiseen sijaitseva ja nyttemmin alkuperäisestä käytöstään poistunut Korkeakosken asema. Vuosien kuluessa kehitys kehittyi: setäni **Heikki Paarlahti (s**.1945) muistaa ajelleensa nuoruudessaan samaiselta asemalta Jäminkipohjaan hevospelin sijasta taksi-Pobedalla.

Konkreettisesti minulla on Sefaniaksesta muistoina **F.W. Farrarin** vuonna 1900 suomeksi ilmestynyt teos *Piplia, sen arvo ja uskottavuus* (Työväen sanomalehti-osakeyhtiö 1900) ja osa *Ruoveden historiaa,* jonka kuvituksena olevaan Ruoveden Yleisen Osuuskaupan ensimmäiseen osuustodistukseen hän on yhdessä kartanonisäntä **Alexander Aminoffin** kanssa varmentanut osuuden nimiinsä merkinneen ja ilmeisesti kirjoitustaidottoman torppari **Aukusti Takkulan** nimen.  Tuossa asiakirjassa isovaarini signeerauksessa on lennokkuutta ja etunimen ensiässän silmukassa kaarta, Myös Farrarin teokseen Sefanias on kirjannut tiedon omistajasta nuoren miehen voimakkaalla vedolla.

Niin, ja onhan sitten vielä yhdet sukset. Ne roikkuvat kesämökkimme takkahuoneen katonrajassa. Niillä on kokoa ja näköä niin kuin oli kuulemma Sefaniaksellakin. *"Meidän poikien ohjelmanumero oli punnata Serfaniasta sängyn päältä syömään, kun oltiin kesällä Jäminkipohjassa",* Heikki Paarlahti muisteli syyskuussa 2013 varhaisia ja ainoita muistikuviaan isosta vaaristaan.

Sefanias oli siis vakaa työväenliikkeen mies, mutta ei punakaartilainen. Hänen ja Martan perhe ei myöskään asunut kartanon välittömässä yhteydessä, vaan runsaan kilometrin päässä sijainneessa virka-asunnossa. Se on edelleen paikoillaan ja asuttu. Muistan käyneeni siellä 1970-luvulla, tähänastisen elämäni ainoan kerran perinteisessä huutokaupassa. Talossa asunut Pekkalan koulun opettaja **Arvi Harimo** oli jäämässä eläkkeelle ja siirtämässä kirjojaan **Raakel**-rouvansa kotipitäjään Pohjanmaalle ja myi sen vuoksi kuormasta tarpeetonta painoa pois.

Muistan myös, että Yrjö-vaarin kanssa kävimme joskus 1970-luvun alkuvuosina katsomassa taloa, johon hän kertoi Sefaniaksen vieneen heidät lapset turvaan siltä varalta, että levoton aika johtaisi veritekoihin kartanon liepeillä. Myöhemmin olen ajatellut, että tietämättään Sefanias vei samalla turvaan isäni ja minut. Sillä tavalla me ihmiset ketjuunnumme toisiimme.

Sefaniaksen pelko ei ollut perusteeton, sillä Pekkala kiinnosti sekä punaisia että valkoisia, ja nämä miehittivät tilaa vuoron perään. Tammikuussa 1918 kartanoon ilmaantui nelisensataa punakaartilaista, ja se oli heidän hallussaan kaksi viikkoa. Punaisten lähdön jälkeen Pekkala oli useita viikkoja valkoisten joukkojen etuvartiona. Kartano kärsi vahinkoja venäläisten matruusien ja punakaartilaisten pyrkiessä valloittamaan sitä takaisin. Myös karjaa ja hevosia menetettiin.

En ollut koskaan tullut ajatelleeksi sitäkään, että kartano toimi levottomat kuukaudet kuitenkin niin normaalisti kuin mahdollista. Sodan puolet ymmärsivät, ettei merkittävää elintarvikkeiden tuottajaa kannattanut särkeä. Sodasta seurasi kuitenkin, että kevään toukotyöt jäivät osin tekemättä tai olivat vähintäänkin myöhässä.

Kartanonmäellä siirrymme sisätiloihin, rakennukseen, joka toimii nykyään kesäisin myös kamarimusiikkitapahtumien tilana. Hackman on valmistanut esitelmän kartanon historiasta. Hän kertoo myös tapahtumista, jotka johtivat siihen, että kartanon silloinen isäntä, Marcus Hackmanin isovaari Alexander Aminoff, menetti henkensä. Punaisten alkaessa vetäytyä tilalta helmikuun alussa Aminoff haettiin kartanon päärakennuksesta jonkin matkan päässä olleelta huvilalta, jonne hän oli vienyt perheensä turvaan. Tapahtui niin, että ennen poistumistaan punakaartilaiset ampuivat Aminoffin tämän työhuoneeseen kartanossa. Surmasta tuomittiin sittemmin tamperelainen rautatieläinen **Uuno Johannes Ferdinand Davidsson**, jonka vaimon perhe oli ilmeisesti ainoa, jonka Aminoff oli joutunut häätämään torpastaan rästiin jääneiden velvoitteiden takia. Davidson joutui sittemmin itse teloitetuksi Santahaminassa syksyllä 1918.

Kuulemani mukana eläydyn menneisiin tapahtumiin. Pihalle palattuani katselen metsän keskeltä pihapiiriin tulevaa tietä ja tuumin, että tuota tietä pitkin siis karauttivat vuoroin valkoiset, vuoroin punaiset...Saatan melkein nähdä heidän hahmonsa. Ajattelen, miten lähitienoot, jotka siis minulle ovat olleet lapsuuden loputtomien kesien ja pääsääntöisesti myönteisten asioiden maisemaa, ovat kerran olleet vastakkain joutuneiden veljien ottelutanner. Tähänkin pihapiiriin on ammuttu tykillä, tosin hieman huonolla sihdillä. Yhden ammuksen – tarkasti ottaen ilmassa räjähtämään tarkoitetun srapnellin – kuori on jätetty pirttirakennuksen seinään muistuttamaan noista ajoista. Taltioin sen kameraani.

Nautimme vierailumme päätteeksi iltapalaa. Ruoka tekee sisälläni hyvää. Niin ikään sisälläni elää paljon sukuni historiaa. Pekkalan kartano kytkeytyy siihen Sefaniaksen kautta. Palattakoon sen verran aiemmin puheena olleen maatilkkuni tarinaan, että juuri Sefaniaksen palvelussuhteen perusteella 1960-luvulla kartanoa isännöinyt Marcus Hackmanin isoisä **Hans Aminoff** suostui myymään isälleni vajaan hehtaarin hukkapalan maistaan. Sillä tontilla seisoo edelleen Lauttarannaksi kutsuttu kesäpaikka, jota nykyisin omistan sisareni **Jaana Paarlahden** (s.1959) kanssa. Samassa mäessä on ollut mummulani, Sefaniaksen ja sittemmin isovanhemipeni Yrjön ja Ailin (os. **Rintala**) (1904-1995) eläkepäivien talo Kuoppamäki, eikä Sefaniaksen virkatalolle ja vaarini lapsuuskotiin ole mökiltämme matkaa kuin muutama sata metriä siihenkään. Kun tyttäreni **Pilvi** (s. 1990, nykyisin **Laurikka**) ja **Pinja** (s. 1994) sekä poikani **Perttu Paarlahti** (s. 1992) lasketaan mukaan, meikäläisiä on tallannut niillä mailla jo viidessä polvessa. Olemme täältä kotoisin, vaikka perheen ainoa syntyperäinen ruovesiläinen viie vuosikymmeninä onkin ollut norwichinterrieri **Jasu.** Kartano ja sen lähitienoot punoutuvat itseeni enemmän kuin aina ymmärränkään. Jossakin syvällä yhteisessä muistissa kulkevat myös vuoden 1918 tapahtumat ja niiden perintö.

Matka jatkuu. Nousemme *Kotvio II.*een. Lähtiessämme laiva saa epäonneksemme kolhun laiturista ja jokin sauma alkaa vuotaa. Miehistö toteaa, että pumppujen teho riittää ja uskallamme vettä pitkin takaisin kirkolle. Siellä ovat palolaitoksen miehet meitä vastassa siltä varalta, että olisi tullut tarve lähteä vastaan. *Kotvio II* jää sukeltajan syyniin sen arvioimiseksi, uskaltaako laivalla vielä ajaa telakkaan ennen korjaustoimenpiteitä.

**Isä muistelee**

Kuvattu matka Pekkalaan ajoittuu siis kesäkuun 2012 alkupuoliskolle. Kypsemmällä suvella olen siitä puheissa isäni kanssa. Puran ajatuksiani siitä, kuinka paljon oma vaarini olisi voinut kertoa sisällissodan ajoista. Hänhän oli tuolloin lähes 14-vuotias eli hyvin muistavaisessa iässä jo. Ajat olivat kuitenkin sellaiset, että kertomiset jäivät vähiin. Itse olin vaarini kuollessa vasta 13:n ikäinen, joten en vielä oikein ymmärtänyt historian merkitystä minäkään. Pala palalta mikrohistoriaa on noussut esiin, kuten se, että äidinpuolen sukuni tunnettu naistenmies **Lenni** oli pohjalaisten mukana valloittamassa Tamperetta huhtikuussa 1918. Ja että samassa kaupungissa oli joutunut vangiksi jo edesmennyt perhetuttavamme, tuolloin 18-vuotias Pekkalan työmies, jonka punakaartilaiset olivat pakottaneet kyytimiehekseen etelään. Hän oli päätynyt vankileirille Satakuntaan. Kerrotaan, että Alexander Aminoffin leski **Sophie** oli kuullut miehen olinpaikasta ja lähettänyt leirin komendantille kirjeen, jossa oli pyytänyt "luotettavan miehen" vapauttamista. Tätä kun tarvittiin isännättä jääneen kartanon töihin. Kirjeen lähettäjän arvio oli varmasti oikea ja sana painava, ja niin nuorukainen vapautettiin. Itse muistan hänet lapsuudestani jo ikäpappana, joka sittemmin eli lähelle sadan vuoden pyykkiä. Kuulin hänen vankileirivaiheistaan vasta hänen kuolemansa jälkeen.

Isäni toteaa asioiden olleen menneinä vuosikymmeninä arkoja ottaa puheeksi. Muistelen kuulleeni, että mummulani vintillä oli aikoinaan ollut tyhjiä kranaatin hylsyjä, joita vaarini oli sodan aikoihin ja jälkeen kerännyt. Isäni innostuu muistelemaan hänkin, miten *"isä kertoi, että eiväthän he totelleet, kun käskettiin pysyä poissa sieltä, missä oli levotonta"*. Vaarini mukaan poikien veri päinvastoin veti katsomaan, jos jostain kuului mekkalaa ja ampumista. Muistamme molemmat - minä toki vain isältäni asiasta kuulleena - myös sen, että isotätini Aira oli pelännyt noita tyhjiä ammusten kuoria niin paljon, että oli kerran vaarini poissa ollessa ottanut hylsyt, soutanut veneellä syvälle selälle ja humpsauttanut sotamuistot jorpakkoon. Tätä vaarini oli asiasta kuultuaan noitunut. Harmillinen juttu, hylsyt olisivat olleet säilyttämisen arvoisia ja taatusti vaarattomia, mutta jotenkin episodi sopii kuvaan, joka isotädistäni on jäänyt. Jouni Paarlahti muisteli syyskuussa 2013: *"Olin soutamassa tätiä sillä reissulla. Työnsin käteni tyhjään hylsyyn ja sanoin, että katso nyt, täällä ei ole mitään. Mutta Aira-täti sanoi, että kyllä se silti voi vielä räjähtää."* Aikoinaan, kun olimme suvun porukalla

talkoissa maalaamassa isotäti Soldan taloa Kangasniemellä ja Aira oli kökässä mukana, miehet päättivät visusti, että *"se pääty, johon sähköjohto tulee, maalataan sillä välin, kun Aira on käymässä Jyväskylässä"*. Näin tapahtui.

Havahdun isäni puheeseen. En niinkään siihen, mitä hän muistelee, vaan havaintoon, että mahdan kuulla ensimmäisen kerran hänen puhuvan vaaristani "isänä". Yrjö-vaari kun on aina ollut suvun puheissa "vaari", alituiseen savuketta käryttävä kaikkien kunnioittama patriarkka.

Vaariani, isääni ja minua yhdistää kuulemma tapamme kävellä. Jotenkin epäilen, että Sefanias on kävellyt samalla mallilla hänkin.

**Loppukirjoitus junassa**

Jouluaatto 2012. Istun junassa matkalla Tampereelta Orivedelle, jossa tyttäreni on minua vastassa. Vilppulaan ei tähän aikaan aatosta enää kiskoitse pääse. Olen päättänyt työvuoteni Pitkäniemen sairaalan jouluaaton jumalanpalvelukseen ja juhlakahveihin. Hyväntahtoinen lääkäripariskunta on tarjonnut minulle kyydin asemalle ja nyt olen matkalla – vapauteen. Olen nimittäin jäämässä vuorotteluvapaalle. Päässä risteilee paljon asioita: mietin viimeisen vuosikymmenen töitäni sairaalapappina. Useampi viimeisen viikon aikana tapaamani ihminenkin on jo poissa tästä joulusta. Sairaus, kuolema ja suru, mutta myös toipuminen ja ilo eletystä elämästä.

98

Niiden herättämiä tuntoja olen käynyt ihmisten kanssa läpi ja yrittänyt jotenkin olla heille sen kaiken keskellä hyödyksi.

Harmistun, kun junavirkailija Oriveden kulmille tultaessa tuntuu kiroilevan kollegalleen lämpimikseen. Sen kuunteleminen ei ylevöitä sieluani juhlan kynnyksellä, mutta kirvoittaapa kirjoituksen, jonka viimeistelen vuoden vaihduttua:

*Vapaat alkavat aatosta.*

*Pikajunassa 911 Pieksämäelle*

*konduktööri kiroilee lämpimikseen.*

*Sellainen syö pyhän alla.*

*Välipäivien yöt ovat painajaisia.*

*En ehdi enkä löydä.*

*Uudenvuodenyönä liukenen*

*ruoveteen.*

Edessä on vuosi, jolloin en voi piiloutua työminäni taakse. Sen sijaan se tulee olemaan mitä todennäköisimmin matka omassa maisemassani. Sielunmaastossa, jossa on paljon myös ruovesiläisiä merkkejä.

**Lähteitä:**

Vesanen, Pentti & Kontio, Kimmo: Ruoveden historia 1865-1939. Vanhan Ruoveden historia III:7. Ruoveden kunta 1994.

Marcus Hackman: Esitelmä Pekkalan kartanossa Autere-opiston retkeläisille 10.6.2012.

www.pekkalankartano.fi

www.vilppulanveneilijat.fi

http://vesta.narc.fi/cgi-bin/db2www/sotasurmaetusivu/stat (Suomen Sotasurmaprojekti)

*TEEMU PAARLAHTI:*

Kevättalvella kahdeksantoista
tuoppi kuohui verta ja kylmää.
Kulkumiehiä tuli ja meni
Tampere huhtikuulla.

Vähin äänin Sefanias pakkasi lapset
ja vei meidät turvaan
loitommas kartanon
maista.

Kun sitten parkaisin naistenklinikalla
elettiin jo Honkaliiton tällä puolen.

Sefanias rakasti vaaria
  vaari isää
    isä minua kovin paljon silittämättä.

# YRJÖ PAARLAHTI:

## SEFANIAS VIRTANEN

Isäni, **Sefanias Virtanen**, kirjoitti pyynnöstäni eläkkeellä ollessaan muistelmansa elämänsä vaiheista. Se on tietenkin tarkoitettu perhepiiriin, mutta kun nyt hänestä kirjoitan, saan siitä ensikäden tiedot.

Isäni syntyi Eräjärvellä 1872. Hänen vanhempansa olivat joutuneet taloudelliseen ahdinkoon nälkävuosina ja menettäneet talonsa, Mäki-Kauppilan, Eräjärven kirkolla "muutamasta jauholeiviskästä".

Kuusihenkinen perhe joutui aloittamaan elämänsä alusta. Siirryttiin Eräjärven Sinijärvelle hallaiselle alueelle. Täällä koko perhe joutui asumaan savusaunassa toista vuotta, kunnes pieni asuinrakennus valmistui. Peltoa kuokittiin ja kaskia kaadettiin. Halla oli jatkuva vieras ja kotieläimillekin sattui onnettomuuksia ja jopa sudetkin niitä hätyyttelivät. Perhe kärsi suoranaista nälkää. Isänikin sai punataudin, josta kuukausia sairastettuaan vaivoin hengissä selvisi. Hiljalleen kuitenkin perheen "elintaso" nousi.

Tarmokkaan ja hyvin uskovaisen mummuni opastamana Sefanias oppi lukemaan n. 6-vuotiaana ja tädiltään saamansa raamatunhistorian hän oppi ulkoa. Isompana poikana hän opetteli kirjoitustaidon. Kirjainmallit löytyivät vanhoista kirjeistä. Kyninä hän käytti liuskakiven palasia, joita sai läheisestä kalliosta. Niillä tuli jälki kuin lyijykynällä. Kova halu olisi ollut kansakouluun, mutta se oli mahdottomuus matkan pituuden ja köyhyyden takia.

Sefanias sai kokea saman, minkä moni muukin sen ajan köyhä

poika: ensin kesäisin paimenpoikana ja sitten renkipoikana. Itkeskellen hän oli ensimmäiseen työpaikkaansa tallustellut, ja oli mietiskellyt, että mennäkö vai ei. Meni kuitenkin ja siitä se kodista vieraantuminen vähitellen alkoi. Hän oli kuitenkin hyvin kotirakas ja käväisi kotonaan tämän tästä.

Myöhemminkin hän aina muisteli köyhää kotiaan lämmöllä.

Sefanias-pojasta tuli aikuiseksi vartuttuaan iso ja väkevä mies. Hän teki kaikenlaisia sekatöitä melko laajalla alueella. Hämeenlinnassakin hän oli Aulangolla puutarhatöissä (työpäivä aloitettiin klo 5 ja lopetettiin klo 20). Se oli pitkästyttävää hommaa isolle miehelle ja hän siirtyi kivityösakkiin ja oppikin niin hyväksi kivimieheksi, että teki itsenäisestikin kivitöiitä (olihan silloin kivinavettojen aikaa).

Sattumalta hän sitten meni erään **Blomqvist**-nimisen metsänhoitajan töihin. – Tästä tuli käännekohta isäni elämässä. Metsänhoitaja oli ilmeisesti hyvin tyytyväinen apumieheensä ja näki tässä kehityskykyisen nuoren miehen, jota oli kannustettava eteenpäin. Hän rupesi ehdottelemaan isälleni Evon metsäkouluun hakemista. Isäni innostui asiasta, mutta esteenä oli puuttuva pohjatieto. Yhdessä suunniteltiin, että isäni uhraa seuraavan talven opiskeluun. Hän meni kotiinsa: kulki päivät töissä ja illat harjoitteli laskuja sekä luki kansakoulun oppikirjoja. Ja niin hän sitten keväällä suoritti kuin suorittikin kansakoulun kurssin ja pääsi hakemaan Evolle. Ilmeisesti metsänhoitajan hyvien suositusten ansiosta hän pääsi kouluun, vaikka hakijoita oli kymmeniä ja vain kuusi otettiin. Koulu kesti kaksi vuotta. Koulupäivän pituus oli 12 tuntia, alkaen klo 6. Laskemista hän kouluaikanaan kovasti harrasti ja hänestä kehittyikin nopea ja varma laskija.

Aikanaan koulu loppui. Isäni sai kiitettävän todistuksen ja siirtyi ensimmäiseen paikkaansa Niittylahden kartanoon Savonlinnan lähelle, mistä jo parin vuoden jälkeen muutti 1899 Ruovedelle Pekkalan kartanoon, jossa tärkeimmän elämäntyönsä suoritti. – Pekkala oli silloin laaja. Pinta-ala 9600 ha. Torppareita ja mäkitupalaisia oli 90. Näille oli vuosittain järjestettävä lehdesmetsät ja puutavarat kuten kartanoonkin sivutiloineen. Vuosittain hakattiin tuhansia, jopa kymmeniä tuhansia "motteja" halkoja ja "massaa". Monet halkorannat olivat niitä keväisin täynnä. Metsiä istutettiin, kylvettiin, ojitettiin jne. Isäni kartoitti kaikki Pekkalan maat ja tekikin erittäin tarkkoja ja hyviä karttoja, joista on saanut maanmittareilta kiitosta. Myös hän teki jokaiseen torppaan vuoroviljelykartan. Niitä lienee vieläkin monessa entisessä torpassa. Kaiket illat muistan hänen viettäneen kamarissa kirjoituspöytänsä ääressä.

Erikoisesti haluan mainita, että hän oli koivujen ystävä ja kärsi siitä, kun valvovat metsänhoitajat pakottivat hakkaamaan kauniita koivikoita ja muuttamaan ne synkiksi kuusikoiksi. Raha oli silloinkin se, joka ratkaisi. Hän piti metsistä ja näki niissä muutakin kuin rahapankin.

Varmaan oli tuttu näky vuosikymmenien aikana, kun "Virtanen" ajeli talvisaikaan hevosella koirannahkakintaat käsissä pukkireessä (tallella vieläkin Pekkalassa) istuen metsätyömailleen. Kesällä hän kulki pääasiassa polkupyörällä. – Harrastuksina olivat kalastus ja metsästys.

Työtä oli ylen määrin. Varmaan "metsänvartijan" työpäivä oli useimmiten 2 x 8 tuntia, mutta en koskaan kuullut hänen sitä valittavan.

V. 1903 isäni avioitui Raiskin torpan tyttären, silloin kiertokoulun opettajana olleen, **Martta Raiskin** kanssa. Liitto osoittautui hyvin onnistuneeksi. Perhe asui ensin Taipaleessa, mutta muutti sitten 1907 Pekkalan Temisevälle, jossa metsämiehellä oli asuttavana keittiö ja kamari. Asunto oli työn ja kaiken muun huomioon ottaen huono. Isäni oli päivät pääasiassa metsässä ja siksi hänet tapasi varmimmin aamuin, illoin ja pyhinä. Ja näinä aikoina miehiä myös kävi: haettiin "verskottia", tiedusteltiin hakkuu- ja ajopalstoja ja mitä asiaa kulloinkin oli. Ei siinä viisihenkisellä perheellä ollut ns. kotirauhaa. Hermostumatta vanhempani sen "ruljanssin" kestivät. Elämä oli niin työtä täynnä, ettei sellaisiin asioihin paljon kiinnitetty huomiota.

Ja lopuksi vielä isäni yhteiskunnallisesta toiminnasta. V. 1905 alkoi työväestön keskuudessa olla levottomuutta. Soutun torpassa oli kesälomalla **Yrjö Mäkelin** ja Löytyllä runoilija **Kössi Lindström (Kaatra)**. He pitivät työväestölle kokouksia ja Pohjankylän Heiniharjulla perustettiin Pekkalan ja Pohjankylän työväenyhdistys, jossa vanhempanikin sitten Viikilässä pidetyssä kokouksessa liittyivät ja olivat sen aktiivisia jäseniä ja kallistelematta koskaan oikealle tai vasemmalle omaksumastaan kannasta. He kävivät Tampereellakin edustamassa yhdistystään sos.dem. kokouksessa. Isäni otti vakavasti tämän puolueasian ja yhteiskunnallisen toiminnan, kuten kaiken, mihin ryhtyi. Pekkalan isäntä oli aluksi suhtautunut nurjamielisesti isäni tekoon, mutta se oli loppunut lyhyeen ja heidän välillään oli asiallinen, luottamuksellinen suhde.

(Esimerkki: pitkiin aikoihin ei raha-asioissa käytetty edes kuittauksia. Summat pantiin vaan paperille ja asia oli selvä. Se oli sitä rehellisyyden aikaa).

Isäni oli lähetystössä, joka kävi vaatimassa työpäivien lyhentämistä, ja sopimukseen oli päästykin: **Aminoff** kirjoitti toista ja isäni toista sopimuskappaletta. Oli myös Laukon torpparihäätöjen aikaa. Torpparit pitivät kokouksia ja asioita pohdittiin. Seurauksena oli, että lautamiehet **Juho Manninen** ja **Heikki Mäki** sekä isäni, Aminoffin valtuuttamina, kulkivat yhden kesän arvioimassa torppareiden rakennukset ja viljelykset. Arvioiden pohjalta sitten tehtiin torppareille kirjalliset vuokrasopimukset entisten suusanallisten tilalle.

Isälleni kerääntyi sos.dem. puolueen jäsenenä suuri määrä kunnallisia luottamustoimia. Luettelona seuraavia: kunnanvaltuusto, kunnallislautakunta, verotus- ja tutkijalautakunta, asutuslautakunta, vaalilautakunnat, metsälautakunta, kansakoulun johtokunta, kunnan tilintarkastaja ym. Useissa näistä hän oli jäsenenä kymmeniä vuosia ja monissa puheenjohtajana.

Vuoden 1918 ankeina aikoina hän laati monen monta anomuskirjelmää, joilla omaiset yrittivät saada vankileireillä olevia omaisiaan pois. Nimi alle ja joku "painavampi" nimi lisäksi ja varmaan niitten perusteella moni pääsikin vapaaksi. – Isäni itse oli ehdoton väkivallan ja sodan vastustaja.

Hän joutui tekemään paljon "pyhätöitä": metsien arviointeja, perunkirjoituksia, kauppakirjoja, hoiti osuuskassaa ym. Työtä oli liikaa, mutta kun Pekkalan-Pohjankylän alueella oli aina totuttu kääntymään

kaikenlaisissa asioissa "Virtasen" puoleen, ei asialle voinut mitään. Äitini häntä paljon autteli ja itse jatkoi päiviä öillä. Vain hyvä terveys auttoi siitä työmäärästä selviytymään. Pekkalan metsät olivat kuitenkin tehneet jalat huonoiksi ja isäni jäi eläkkeelle palveltuaan Pekkalassa n. 40 vuotta ja ennätti olla eläkkeelläkin vielä toistakymmentä vuotta ja pysyi henkisesti virkeänä kuolemaansa saakka, joka tapahtui 1951.

Isäni ei ollut ns. uskonnollinen luonne, vaikka osasikin "pitkää katekismusta" ulkoa pitkiä jaksoja vielä vanhanakin (minkä nuorena oli oppinut, sen vanhana taisi). Hänen ajatuksensa oli: kun ihminen on rehellinen ja tekee kaiken parhaan ymmärryksensä mukaan, ei ihmiseltä voi muuta vaatia. Tiedolle hän antoi suuren arvon.

## TEEMU PAARLAHTI:

## YRJÖ VIRTASEN POJANPOIKA

– Anteeksi. Mutta tehän olette Yrjö Virtasen pojanpoika? Huomaan seisovani vaarini pitkässä varjossa. Olemme olleet saattamassa Kauhajoen paappaani Einoa multiin. Yrjö-vaari on ollut tummilla tuvilla jo yli kaksikymmentä vuotta.

Kysyjä on elämän hopeoima veteraani, jonka kanssa täytämme rinta rinnan lautasiamme notkuvasta noutopöydästä.

– Virtanen oli meidän patterissa upseerina, mies selventää syytä kysymykseensä.

Ymmärrän, että kuusi vuosikymmentä myöhemminkin sillä on merkitystä, että he olivat Virtasen kanssa samalla sotareissulla.

Totean Yrjö-vaarin vainonvuosista vaienneen. Oli kuulemma lausahtanut joskus, että "se sota on jo käyty". Eino-paapan kertomisista tiesin, että olivat olleet samoissa porukoissa.

– Siinä oli mies, jonka puheille tohti mennä, veteraani jatkaa painoin, joissa ei ole tyhjää kielenpieksentää.

Mieleeni palaa omia muistoja kotoiselta Ruovedeltä. Vaarin jykevänrauhaisa hahmo, johon liittyi turvallisuutta ja pyrkimys tehdä oikein ja vastuullisesti. Niin kuin sillä kertaa, kun olisimme serkkuni Miken kanssa menneet Ykspetäjään.

– Pojat eivät lähde omin päin veneellä saareen. Jos joku aikuinen lähtee, saatte mennä. Mutta muutoin olette menemättä. Ettei tule vahinkoa, vaari oli tuolloin linjannut.

Minua ja Mikeä suivasi – olimmehan isoja ja taitavia. Mutta mieleen ei tullut ruveta inttämään vastaan, saati lähteä salaa. Vaari oli puhunut.

Vaari puntaroi, päätti ja perusteli. Vaarin kanssa ei kinattu, mutta puheille tohti mennä.

– Niin, jatkan keskustelukumppaniini katsoen.      – Muistan lapsena monta kertaa olleeni vaarin kanssa eri mieltä. Mutta vääryyttä en muista hänen minulle tehneen.

Sodan kokenut mies katsoo takaisin. Luen hänen silmistään arvostuksen itseäni kohtaan.

Olen luutnantti Yrjö Virtasen pojanpoika.

Eino-paapan hautajaiset jatkuvat. Jotakin liikutuksen sukuista läikähtelee mielessäni. Sellaisia isoja isiä minulla.

## PILVI LAURIKKA:

Kiinnitän laiturini taivaanrannan rajalle.

Aion tarkkailla vain,

kartoittaa pilvet,

laskea ohilipuvat sanat

kuin muukalaiset,

jotka jatkavat matkaa pysähtymättä satamaan.

Ne ovat kauniita katsoa,

mutta eivät kenenkään käskettävissä.

# TÄMÄN KIRJAN OSASET

*Palstakirja* sisältää sekä aikaisemmin julkaistua materiaalia että nyt ensimmäisen kerran ilmestyviä kirjoituksia. Osaa on editoitu pieteetillä. Kaikki tekstit on julkaistu oikeuksien omistajien luvalla.

Runoista meidät on tehty: *aikaisemmin julkaisematon*

## MATKALAULUJA

Kuuntelen B.B. Kingiä: *aikaisemmin julkaisematon*

Eirene: *aikaisemmin julkaisematon*

18.7.1993 MYTLINI ELI LEVSOS: *aikaisemmin julkaisematon*

Tassula: *aikaisemmin julkaisematon*

Mademoislelle: *-Jouni Paarlahti: Niin minä maa sinua rakastin (2014)*

Muistan ensimmäisen kerran: *-Teemu Paarlahti: Jäminkipohja Sundae (BoD 2015)*

Katseesi valo ja pimeys: *aikaisemmin julkaisematon*

Istun junassa: *aikaisemmin julkaisematon*

Orivedellä on Eevantie: *aikaisemmin julkaisematon*

## MUISTON POLKUJA KULJEN

Haluaisin pakata: *aikaisemmin julkaisematon*

Ensimmäisen luokan kevät me väännettiin: *-Mänttä-Vilppulan Sosialidemokraatti 2012*

La Vie: *-aikaisemmin julkaisematon. Aino Vesterinen on säveltänyt tekstin Tampereen klassillisen lukion kevään 1997 ylioppilasjuhlaan.*

Tilia Cordata: *aikaisemmin julkaisematon*

Sade: *aikaisemmin julkaisematon*

Aloittaa Suomessa 1936: *aikaisemmin julkaisematon. Rakkaudesta runouteen – Keravan seurakunnan järjestämän hengellisen runouden kilpailun II palkinto 2009.*

Pihistetyssä piparissani: *aikaisemmin julkaisematon*


## AURINKOLELLO VIISI

Lepää päivä: *aikaisemmin julkaisematon*

Paljas puun oksa: *aikaisemmin julkaisematon*

Aurinkokello viisi: *-Kamarikuoro Camenan cd:llä Kesällä kello viisi (1991)* **Olli Vehkavaaran** *säveltämänä. Teksti julkaistu levyn kansilehdessä* **Liisa Paarlahden** *englanninnoksena (Sundial At Five)*

Taivaalla hallaa: *aikaisemmin julkaisematon*

Syyskuun juhlat: *aikaisemmin julkaisematon*

Keurusselkä: *aikaisemmin julkaisematon*

Laiskurin iltalaulu: *aikaisemmin julkaisematon*

## PALSTAKIRJA

Jouni Paarlahden päiväkirjamerkinnät: poimittu tekijän muistiinpanoista vuosilta 1962–1963. *Aikaisemmin julkaisemattomia*

Vähän sen jälkeen kun mustalaisleiri: -*Teemu Paarlahti: Taivas on harmaa Cadillac. Partisaanimusiikkia (Runogalleria 2000)*

Kierrän tätä mäkeä neljättä polvea: -*Teemu Paarlahti: Taivas on harmaa Cadillac. Partisaanimusiikkia (Runogalleria 2000)*

Synnyin: -*Teemu Paarlahti: Taivas on harmaa Cadillac. Partisaanimusiikkia (Runogalleria 2000)*

Jonakin alkusyksyn iltana: -*Ruoveden Joulu 1988*

Pisarapeitto yön korvalla: *aikaisemmin julkaisematon*

Polku on pikataival: *Aikaisemmin julkaisematon*

Jäminkipohja Boogie: -*Paarlahden leveydeltä – blogi 15.11.2014 (paarlahti.blogspot.com)*

Seison yksin rannalla: *aikaisemmin julkaisematon*

Katselen jäälle: *aikaisemmin julkaisematon*

## LÄHES PROOSALLINEN LIITE

Portaat taivaalla: -*Kalevi Virtanen (toim.): Anna mun etsiä (Lasten Keskus 1986)*

Joutsenen lennon aikaan: -*ErkkiVilpa (toim): Päivänavauksia (Kirjayhtymä 1982)*

Katsoin netistä kotimaisen elokuvan: *aikaisemmin julkaisematon*

Katkelma pienoisromaanista: -*J.V. Teräs: Seuraava pysähdys kuolema. KMV-lehden kesädekkari 6.7.-24.8.2015*

Linnut kakkasivat penkeille mummolassa: *aikaisemmin julkaisematon*

Joskus vähemmän on enemmän: -*Sukuri 2/2010*

Matkalla omassa maisemassani: -*Ruoveden Joulu 2013*

Kevättalvella kahdeksantoista: -*Teemu Paarlahti: Taivas on harmaa Cadillac. Partisaanimusiikkia (Runogalleria 2000)*

Sefanias Virtanen: -*Ruoveden Joulu 1974*

Yrjö Virtasen pojanpoika: -*Muistumia. Mainio mummuni ja muita muistikuvia isovanhemmista ja heidän kodeistaan (Ruoveden kunnan kulttuuritoimi, Ruoveden seurakunta ja Lastenkulttuurityöryhmä 2010)*

Kiinnitän laiturini taivaanrannan rajalle: *aikaisemmin julkaisematon*

# KIRJOITTAJAT

**Yrjö Paarlahti**, e. **Virtanen** (s. 1905 Ruovesi, k. 1976 Ruovesi):
Kansakoulunopettaja. Herrasmies ja upseeri, vaikka ei sodasta
jälkeenpäin sanallakaan halaissut. **Sefanias ja Martta (os. Raiski)**
**Virtasen** poika. Paarlahden suvun iso isä.

**Jouni Paarlahti**, e. **Virtanen** (s. 1936 Kauhajoki): FM,
maantieteilijä ja biologi. . Rehtori, tietokirjailija ja kuoromies.
Eläkevuosien kirjallisia töitä *Myrkkykasvit* (WSOY 2005) ja
runokoelma *Niin minä maa sinua rakastin* (2014). Ehdolla Tieto-
Finlandian saajaksi 1992 **Ismo Nuujan, Risto Palokankaan** ja **Risto**
**Hamarin** kanssa kirjoittamallaan teoksella *Kestävä tulevaisuus.*
*Ympäristöopas* (Weilin+Göös). Yrjö ja **Aili (os.Rintala)**
**Paarlahden** poika.

**Teemu Paarlahti** (s. 1963 Janakkala): TK (ylempi
korkeakoulututkinto), VTM. Sairaalapastori ja kirjoittamisen
sekatyöläinen. Julkaissut mm. runokokoelmat *Taivas on harmaa*
*Cadillac* (Runogalleria 2000), *Vilppula, sielun tila* (MC Pilot 2001)
ja *Jäminkipohja Sundae* (BoD 2015). Yhteiskokoelma *Pekilon runot*
(Pekilokustannus 2005) **Pekka Sairasen ja Heikki Vesterisen**
kanssa. Julkaissut kaikenlaista rikosnovelleista matkakertomuksiin.
Tekstejä ilmestynyt yli 25 kokoomateoksessa. Toimittanut vuosien
mittaan n. 35 Yleisradion hartausohjelmaa.

Immi Hellén – lastenrunokilpailun voittaja 2009. **Jouni ja Liisa (os.**
**Seppi) Paarlahden** poika.

**Pilvi Laurikka, os. Paarlahti** (s. 1990 Masku): LL, lääkäri ja
tutkija. Julkaissut tieteellistä tekstiä ja muita lehtikirjoituksia. **Teemu**
ja **Sanna-Leena (os. Sulin) Paarlahden** tytär.

**J.V. Teräs** on Paarlahden sukuun kuuluvan kirjoittajan
pseudonyymi.

115

## TOIMITTAJAN KIITOKSIA

Kiitän kaikkia kirjahanketta edistäneitä ihmisiä. Totean tämän näin ympäripyöreästi, sillä kokemukseni mukaan muuten joku unohtuu listalta. Mainitsen kuitenkin erikseen **Jouni Paarlahden**. Opin kirjoittamaan leikkiessäni hänen kirjoituskoneellaan. Mielessäni on vieläkin jäämiä tunteesta, kun tajusin, että kirjaimet voi ryhmitellä jotakin tarkoittaviksi jonoiksi.

Puolisoa kannattaa aina kiittää ja teen niin. Luovaan työhön uppoutuva ihminen ei ole aina helppo kumppani.

*"I'm American made by my ma and pa, southern born by the grace of God"*, Yhdysvaltain syvän etelän punaniska laulaa ylpeys äänessään. Muutettavat muuttaen yhdyn tähän ajatukseen toiveella, että *Palstakirja* haastaa lukijaansa pohtimanaan omaa ja sukunsa tarinaa.

# SISÄLLYS